구름
나그네

전성경 시집

구름 나그네

256 · 문학관간시선

시인의 말

올겨울은 유난히 한파가 몰아친 추운 겨울이었습니다.
그래도 겨울이 지나면 봄은 어김없이 찾아오겠지요. 우리의 삶도 굴곡에 따라 비 오면 개인 날도 있으리란 것을 알면서도 언제나 나약한 삶으로 인해 흔들리곤 합니다.
여기 부족하지만 삶의 희로애락을 한 수 두 수 시로 읊조려 한 권의 시집으로 묶어 보았습니다.
비록 남은 날은 적지만 시에 대한 열정을 지니고 앞으로도 열심히 공부하겠습니다.
아울러 부족한 시지만 어느 누구에게 작은 울

림으로 다가가기를 기대해 봅니다.

　평설을 써주신 강희근 교수님께 이 자리를 빌려 감사의 인사 올립니다.
　또한 부족하지만 펜을 다시 다잡을 수 있게 항상 곁에서 격려해 주시는 시조시인 김정희 선생님께 진심으로 감사의 인사 올립니다.

2013년 2월에
마산 앞바다를 내려다보며
전 성 경

전성경 시집

구름 나그네

□ 시인의 말

제1부 별들의 축제

샛별 —— 11
전령傳令 —— 13
해후 —— 14
내 유년의 텃밭 —— 16
별들의 축제 —— 17
장맛비 —— 18
무지개 —— 19
오솔길 —— 20
바다로 가고 싶다 —— 22
귀화 식물 —— 23
긴 겨울밤 —— 25
메아리 —— 26
구름 나그네 —— 27

제2부 황혼의 연가

내 영혼의 노래여 —— 31
용서 —— 33
가난한 사람 —— 35
성숙 —— 36

구름 나그네　　　　　　　전성경 시집

37 ──── 황혼의 연가
38 ──── 목련꽃
39 ──── 순례자
40 ──── 꽃나비
41 ──── 가슴에 보석 하나
42 ──── 윤회
43 ──── 저 먼 하늘
44 ──── 의암
45 ──── 향일암 화재
47 ──── 소망

제3부 사부곡

51 ──── 그리움·1
52 ──── 그리움·2
54 ──── 고독
55 ──── 남편의 목소리
56 ──── 사부곡
57 ──── 쓸모없는 존재
58 ──── 인생
59 ──── 나의 삶
60 ──── 종갓집 어린 색시
62 ──── 별 같은 자식들
63 ──── 그리운 목소리

전성경 시집 　　　　　　　　**구름 나그네**

요양원 ——— 64
구름에 대한 명상 ——— 66
선물 ——— 67
고마운 옹달샘 ——— 68

제4부 아름다운 귀향

궁도 ——— 71
섬진강 ——— 72
내 고향 진주 ——— 73
삼일절 ——— 74
6·25전쟁 ——— 76
완사천 ——— 78
희망찬 사남면 ——— 79
아름다운 귀향 ——— 81
영원한 귀향 ——— 82
청송靑松 아호 ——— 83
푸른 꿈 ——— 85
그리운 내 고향 ——— 86
동창회 ——— 88
마산 대우백화점 ——— 90
마산 어시장 ——— 92

□서평 | 강희근

제1부 별들의 축제

한밤중
축제가 열리면
전설의 등불이 된다

샛별

첫새벽 선잠에서 깨어나
이리저리 뒤척이다

자리에서 일어나
창문 열고 바라본
까만 밤바다

지상에는 길을 밝히는
모조품 불빛들로 눈이 부시다

동쪽 하늘에
희미한 별 몇 개 떠 있고

유난히 빛나는
저 샛별 자세히 들여다보니

다이아몬드 조각처럼
반짝반짝 찬란한 저 고운 빛

저리도 아름다운 운치
대도시에서는 상상 못할 일이다

전령傳令

동지 지나고 섣달 지나니
고사목 마른 가지에
해빙하는 봄소식 오더이다

꽃가지 움트는 소리
솔바람 꽃샘바람
휘파람새 소리로 와서

문밖에서 입춘대길
전령 기다리는 봄소식
저 우주의 숨결이라 하더이다

해후

혹여라도
은하 강물 흘러 흘러
땅 끝에 홀연히 당도하면

은하수
별빛으로 흐르는
눈물 강 지상에서 범람하면

노둣돌
징검다리 밟고
너와 내가 만날 수 있을까

칠석날
까막까치 날개 밟고
너와 내가 만날 수 있을까

그리움
기리는 마음
가슴 에인 이별이라 했어도

천년 가약
천생연분이면
견우별 직녀별이 되라 하시네

내 유년의 텃밭

단발머리 꼬마에게
새싹 꿈을 키워 주던 곳
수구초심 사무쳐
내 유년의 텃밭 찾아왔더니
애잔한 노을빛 서산 해는 기울고

먼 길 돌아와 보니
그 웅장하던 배움터
아득한 추억들만 가물거리네
옛터는 분명한데 세월은 간 곳 없고

내 뛰놀던 텃밭에
그 참새 떼들
지금은 어느 하늘 아래
은발 머리 날리며 살고 있을까?
유년의 아련함이 가슴에 피는 찔레꽃

별들의 축제

8월은
원색의 꽃들이
햇빛 닮은 꽃으로 오고

한낮에는
꽃 같은 햇살 맞고
순백의 꽃으로 와서

한밤중
축제가 열리면
전설의 등불이 된다

장맛비

까만 밤하늘
장맛비는 하염없이
창문을 두드리고

넓은 공간
바람은 새고
주인 잃은 말 한 필 입 다물고

그리움은
빗물 되어
가슴에 소낙비로 쏟아지네

무지개

은하의
징검다리는
분명 오작교라 했는데

느닷없이
청천 하늘에
일곱 색 구름다리가 되고

시공에
거대한 물방울은
화려한 수채화가 되었다

문득
내 어린 날의 꿈
그런 동화 나라가 생각나서

장대 들고
동산에 당도하기도 전에
허망하게 가 버린 무지개라 했다

오솔길

황혼에 서서
오솔길 뒤돌아본다
유년의 아롱다롱 웃음소리
복사꽃 아카시아 향기 속에
사랑 이야기 듬뿍 실어
꽃구름 타고
하늘도 날아 보았다

억새풀 흔드는
가을 들녘 은빛 물결에
바구니 가득 담은 실과처럼
아들도 있고 딸도 있어
한겨울 바람처럼
거칠게도 날아 보았다

후회와 노여움
가슴에 보듬고
부끄러운 세월
구름에 실어 보내고

때가 되면 고운 노을
서산으로 넘어가리다

바다로 가고 싶다

깊은 숲 속 작은 이슬방울
옹달샘으로 고여서
산짐승 날짐승 목을 적셔 주고
한가로이 노닐던 쉼터였는데

어느 순간
천둥 번개 내리치는 날들
흙탕물로 변해 자갈밭
수많은 바위에 부딪쳐 왔네

이제는 조용히
몸 낮추며 노을 비친 수평선
금빛으로 반짝이는
넓은 바다 흘러 흘러가고 파라

귀화 식물

봄 동산 꽃 잔치가
무르익은 한 고비

춤추던 나비들도
잠시 머물다 떠난 자리

허허로운 마음
달랠 길 없어
이웃 꽃가게를 찾았다

우리 꽃 간데없고
지구 저편에서 온
이름 모를 식물들이
방실대며 눈인사를 한다

지구는 하나인데
정들면 모두 내 가족 되는 것을
거실 창가에 노랑나비 흰나비

이웃집 월남 새댁처럼
모두가 지구촌 정다운 가족이다

긴 겨울밤

나뭇가지
우는 소리 하도 시려
잠 못 드는 이 한밤
서린 정 담아 바람결에 띄웠어라

잠 못 드는 이 한밤
문우여 고운 꿈 꾸실까
돌아오는 한 해를 등에 업고

어제 구정을 지냈으니
내일은 따사로운
봄 언덕 나뭇가지 움트는 꿈을

메아리

하늘 아래
뿌리내린 긴 능선은
대지의 영원한 모성이라 하고

오로지
포근한 가슴으로만
끌어안아 주는

높은 산
깎아지른 절벽은
천하 도인의 채찍 부정父情이라 한다

구름 나그네

우수절
구름 나그네가
젖은 하늘 먹구름 몰고 와서

그날은
나그네 구름이
소낙비로 내리쳤다

오늘도
천둥이 울어예는
구름 나그네 갈 길이 멀다

제2부 황혼의 연가

서녘에 노을 구름
우주 속에 걸려 있다
저녁 강 연지 빛으로
억만 송이 장미꽃을 피웠다

내 영혼의 노래여

문득 바라보니
황혼에 서성이네

돌아서 더듬으면
분명 아름다운 날들
즐거운 날들도 있었으리라

부서지는 자갈 소리에 다 망각하고
고독이 검은 물결로 채색되어
영혼을 백짓장에 새기는 이 밤

혈관을 타고 흐르는 철사같이 긴 울음
세월 따라 걸어온 발자국들이 꿈틀거리고
검버섯 피어나는 미수의 설움

힘겹게 들어 올린 무거운 짐
이제 다 내려놓아야 하리

다 읽고 다 버리고

가벼운 영혼 천상을 날을 때
태워도 타지 않을 내 영혼의 노래

용서

설령
죄와 허물이 많아도
사랑으로 용서하라 했습니다

설령
잘못된 인연이라 해도
믿음으로 용서하라 했습니다

어둠 속의
달과 별들이
소망의 빛으로 와서

한낮에
작열한 태양의 양면성이
빛과 그림자로 와서

그런
우주의 법칙도
내 허물더러 빛이 되라 했습니다

그런 용서가
가슴에 응고된 강물
해빙으로 녹이는 사랑이라 했습니다

가난한 사람

어느 날부터
마음이 텅 빈
가난한 사람이 좋았습니다

그런 사람은
꿈을 먹고 사는 사람
세상을 노래하는 시인이라 했기에

지상에서
시리도록 아픈 생채기
빛나는 별이 되라 했기에

오늘은
별빛으로 와서
눈물 닦아 주는 사람이고 싶습니다

성숙

세상의
모든 것은
처음과 나중이 있노라 했습니다

성경에
처음은 미약하나마
나중은 창대하리라 했습니다

실과나무 열매가
성숙으로 농익어 가듯

이렇듯
천혜의 선물은
하늘의 섭리인 것을

겸허하게
나를 돌아보는
성숙의 의미를 배우라 했습니다

황혼의 연가
―내일은

서녘에 노을 구름
우주 속에 걸려 있다
저녁 강 연지 빛으로
억만 송이 장미꽃을 피웠다

때로는 하늘 타는 강
울음을 삼키는 강으로
다 타 버린 빈 하늘에
달은 기울고 별은 빛나는데

내일은 또다시
태양이 솟아
하늘 순례자인 것을 알았다

목련꽃

사순절에
순백의 성의 입고
기도하는 목련꽃

한 차례
사유의 시간 지나면
새가 되어 날아가고

또 한 번
뒤척이면
고택 마루 끝에 자취도 없다

순례자

가슴에
구름을 품었더니
소낙비가 내렸습니다

가슴에
태양을 품었더니
환희가 가득했습니다

내 안에
달빛 별빛 품었더니
온유의 순례자가 되었습니다

꽃나비

컴퓨터
창을 여는 순간
형형색색
꽃나비들이
가슴에 훨훨 날아들었습니다

황홀한
이런 즐거움을
변치 않고 보내주시니
크신 덕망
가슴이 시리도록 고맙습니다

가슴에 보석 하나

바다 속
깊은 곳에 꼭꼭
숨어서 자라는 보석
지상에서 제일 아름다운 보석 하나

사막에서
목말라 헤매일 때
깜깜한 밤하늘 외로운 홀씨
허공을 더듬을 때

삶의 원천源泉
이런 아름다운 보석 하나
가슴에 묻어 두면
그 보석의 힘으로 세상을 열 수 있다

윤회

한순간
찰나의 눈 맞춤도
너와 나 인연이라 했는데

봄밤
허망한 꿈길인 듯
나 그대 붙잡지 못했네

그렇게
허우적거리다가
그대를 보내고 말았는데

정녕
그렇게 그대 보내고
저승에서 윤회로 다시 만날까

저 먼 하늘

지구촌 하나 되어
다 함께 바라보는
저 먼 하늘
새 천년 첫머리가
햇빛 받아 눈부시다

인종 차별 없는 세상
백인이 흑인을
지도자로 선출했네
온 세상이 꿈틀거리면서
변화무쌍함을 기대해 본다

의암

진주 남강에
민족혼 밝히는
세계 속에 빛나는
거룩한 여인 의암

그대는 남강 물에
혼을 실어
창연히 출렁이나니

개천 예술제 꽃등
별들이 쏟아지는 밤
남강에 배를 띄워
논개 낭자와 빛나는 만남이여

향일암※ 화재

1300여 년 긴 세월
남해안 거센 바람 끌어안고
새해 아침이면
황금빛 일출 산실로 받아
천하를 고루 비추시던
그 원력 어디 가고
무참히 화염 속에 다비 올리시니
마른 하늘에 이 무슨 날벼락이십니까?

바라보는 중생들 가슴마다
애통한 마음
까만 숯덩이로 변했습니다

원효대사께서
지팡이 내리치시며 설법을 하시는데
나라에 더 큰 액운을
자비로운 부처님께서
다 끌어안고
화염에 다비 올리시니

눈 감은 중생들이

크나큰 원력

어이 짐작이나 하리요

※향일암: 전남 여수에 위치한 대한불교 조계종 제19교구 화엄사 말사로 원효대사가 659년(의자왕 19년) 원통암이란 이름으로 창건했다. 국내 4대 기도 도량으로 1984년 전라남도 문화재 제40호로 지정됐다.

소망

철부지
나 어릴 적 소망은
마냥 꽃이 되고 싶었습니다

들판에
노루새끼 치달리는 그곳에
야생의 꽃이 되고 싶었습니다

어느새
성년이 되고부터는
밤하늘의 별이 되고 싶었습니다

이제는
별이 쏟아진 별밭에서
사랑하는 이와 함께
왈츠 한 곡을 추고 싶습니다

제3부 사부곡

큰 아쉬움 없는 삶
훨훨 날아 천상에서 편안히 쉬세요
못다 한 아쉬움 백지 위에 한을 풀고 있답니다

그리움 · 1

깊은 밤 창문 열고
애틋한 그 이름
가슴으로 불러 보면
그리움은 어둠을 물리치고
고운 빛 기다림의 기쁨이 된다

저 바다 저 하늘
다 펼치고 펼쳐도
그리움 다 쏟을 수 없는 사연들
진주 이슬 머금고 그리움 창을 닦는다

그리움 · 2

그리움은
꽃비로 와서
대지의 꽃을 피웠어라

나 마냥
임의 꽃 찾아
허공을 맴도는
나비로 날아

한순간은
그대와 나의 동행은
억겁 인연 있었어라

이승에
웃는 꽃으로 와서
울고 가는
꽃이라면

망부석

천년바위 새겨진
화석이 되고 지고
화석이 되고 지고

고독

고독이
밀물처럼 밀려올 때
깊은 밤 조용히 눈을 감는다

한 줌 재로 변해
하늘로 간
그를 찾아 영혼은 떠난다

두 날개
별 속의 별을 찾아
휘젓다 깨어 보니 육신만 젖어 있다

남편의 목소리

한여름 오후
원고를 쓰다 말고
잠시 침대 위에 낮잠을 청했다

무더운 날씨 탓에
설핏 잠이 들었다
낮잠 많이 자지 마라
남편의 목소리

놀라서 깨어 보니
허망한 꿈 한 자락
천지간 빈자리 이슬 젖은 눈시울

사부곡

2011년 12월 31일
늦은 밤 한 해를 뒤돌아본다
하늘이 무너지는 슬픔, 아픔의 한해였다

뇌성 번개 내리치고
먹구름이 세상을 덮을 때
남편은 하늘나라로 구름 타고 날아갔다

큰 아쉬움 없는 삶
훨훨 날아 천상에서 편안히 쉬세요
못다 한 아쉬움 백지 위에 한을 풀고 있답니다

쓸모없는 존재

아내로서 역할도
부모로서 역할도
다 끝난
나만의 시간이요
공간이 되었지만

과연
살아야 할 의미가
어디에 있을까?

남은 생
저 하늘 뜬구름 되어
안개 속에 사라지고프다
먼지보다 작은 내 목숨

인생

바느질
손때 묻은 반짇고리가
대물림인 것을 알았습니다

실과 바늘
일심동체로 살아온 지
어언 희년稀年이 되고 말았습니다

한 땀 한 땀
한 치의 오차 없는 마름질로
깨끼솔 곱솔로만 꿰매다 보면

어느새 나도
수의 한 벌 입고 가는
황혼의 나그네가 되고 말았습니다

나의 삶

먼 길 뒤돌아본다
굽이굽이 곡절도 많았지만
뇌성 치는 큰 위기 없는
57년 부부 동거했던 나의 삶

자식들 삼 남매
그런 대로 살아 주니
큰 걱정은 없고
옹달샘 연금 생명줄 이어 주는 삶

황혼의 일상
축복으로 생각하며
때가 되면 훨훨 털고
백조처럼 구름 타고 날아가리라

종갓집 어린 색시
—시백모님 영전에

밤마다 호랑이 울음소리
온갖 짐승들
우글거리던 깊은 산골에
열여섯 살 어린 색시
종갓집 며느리로 시집을 왔다

청상으로 홀로되어
팔 남매
바위처럼 매달고
가시밭을 맨발로 걸어온 길
아흔다섯 살 한 많은 여정

관 속에 들어
살아서 못 누린 호사
리무진 승용차로 누리신다

성소에 들어간 듯
조용한 저 침묵
상주 문상객들 줄지어 섰는데

노란 은행잎이
조등으로 밝혀 준다

별 같은 자식들

저녁 밥상머리 쏟아진 별들이
소곤소곤 이야기를 시작하다
할 이야기 다 끝나기도 전에
다 사라지는 별들
자식은 별과 같아

그리운 목소리

까만 밤하늘
별빛 타고 날아온
그리운 소리

영혼을 흔들어
죽을 만큼 듣고 싶은
그리운 목소리

그대여 부디
고운 꿈 꾸면서
건강을 충전하라

요양원

죽순처럼
솟아나는 것이 요양원이다

누구네 잘 계신가 안부 물으면
흔한 대답이 요양원에 가셨단다

그 흔한 요양원
남이 당할 때는 그냥 그러려니
느긋한 생각도 했건만
남편이 가 있으니
가슴 아픈 요양원이다

들여다보고 돌아설 때
꼭 남편이 손을 흔든다
반정신으로 손을 흔들지만
돌아서는 내 가슴은
천 갈래 만 갈래로 찢어진다

한 날개로 날 수 없는

서러운 현실 앞에
가슴이 무너진다

구름에 대한 명상

그 사람은 구름이 되었다
우울증으로 세상이 싫다며
구름자락에 매달린 메아리로
때로는
한생에 참았던 한을 달래며
어머님을 불렀다

이제는 구름 타고
어머님 애절하게 그리던 노래
강이 된 어머님을 찾아
구름은 돌고 강은 흘러
천지간 아득히 빈자리
비단 안개 타고 그리운 상봉하소서

선물

먼 북쪽에서
남쪽 나라 바닷가
초록 향기 듬뿍 실어 날아온
감사한 선물

소담스런 접시꽃
하얀 소반에 듬뿍 담아
보내오신 그 정성
별들이 가슴에 쏟아졌습니다

※인천에서 전혀 모르는 화백님께 그림 선물을 받고

고마운 옹달샘

남편 떠난
빈자리
넓은 사막 한복판에
목말라 헤매는 낙타 같은 나

벽에 걸린
세월 가는 달력에
25일 파란 동그라미
유족 연금이란 남편의 체온 같다

그 고마운
옹달샘
목을 적시며 희망의 빛에
가슴이 뭉클해 두 눈에 노을이 진다

제4부 아름다운 귀향

가난한 소년은
노산 풀밭에 앉아
돌팔매 던지면서 노을빛
갈매기들 잠들 때까지
바다 깊이 눈물의 보석을 심었어라

궁도

연무정에서
과녁에 명중하는
신궁들의 묘기를 나는 보았다

활을 쏘는
초원의 광장은
궁사들의 연병장인 듯도 하여

평평하게 조여드는 활줄에
심장 뛰는 찰나로만
천년의 바람결로 달려가는데

신라
천년의 고도
경주 길로 숨차게 달려갔다

섬진강

녹음 짙은 숲 속
아늑한 찻집에서
찻잔에 솔잎 띄워
추억을 마시는 외로운 나그네

섬진강 맑은 물에
솔잎처럼 푸르던 추억
이제는 다 흘려보내고
지리산 아름다운 노을 따라
홀연히 넘어가는 외로운 나그네

내 고향 진주

천년 고도
충절과 예술의 고장
그 숨결 찾아 구름처럼 모여드는
나그네들
세계 속의 찬란한 진주라 촉석루

반세기 둥지 틀어
풀잎처럼 서걱서걱 서로 부비며
봄 햇살처럼 따사롭던 내 고향 진주
오순도순 맺은 정
하늘에 뜬 풍등처럼 찬란하다

삼일절

어제는
신묘년 삼월 초하루
느닷없이 봄비가 내렸습니다

하늘도
무심치 아니했는지
경축의 눈물을 흘렸습니다

경축일
깃발 없는 집집마다
비 세례 축복도 주었습니다

기미년
삼월 일일 정오
그날의 밀물 같은 함성이

환청으로
들려오는 만세 소리
그날을 꼭 기억하라 하여

어제는
가슴에다
태극기를 깊숙이 꽂았습니다

6·25전쟁

오뉴월
불볕 아래 밭일을 하다가
누구네 아범 누구네 어멈
대포 맞아 죽었다고
온 산 울음바다 통곡 소리
산울림도 따라 울었다

그 여름
먹구름 몰고 오고
태풍도 따라왔다
저주와 슬픔이 범람하던
그날의 아우성
맨발의 거지 아이들
슬픈 노래 잊을 수가 없다

한 고을 통곡 소리
세상 눈물 몰고 오고
한 사람 죽음은 온 세상
죽음을 불러와

그 여름 뼈아픈 상처
다시는 없어야 한다

완사천

나주시 완사천浣沙泉은
왕건과 장화왕후
수줍게 금관 인연 맺은 자리
아름다운 천년 세월 그대로 흘러
찬란했던 그 역사 되새김하고 있었네

왕건이 천하를 다스리며
호령하던 그때의 함성
우렁찬 말발굽 소리
허공으로 바람 따라 날고 있었네

정석에 새겨진
태조 왕건 회유정책
훈요십조訓要十條
물결 따라 세계 속으로 흘러가고 있었네

희망찬 사남면

와룡산 뿌리내려 정기 서린 곳
기름진 옥토에는 오곡백과 풍년가 소리
찔레꽃 향기로운 들녘에 서면
눈앞에 펼쳐진 쪽빛 바다

한국항공우주산업
구만 리 장천長天 날아갈
꿈을 줍는 활기찬 산업의 요람지
복되도다 우리 고장 사남면이여

한국전쟁기념관 우주박물관
전시관마다 진열된 그때의 참상
비극의 역사 되돌아보는
줄지은 관객들 6·25 피비린내
가슴으로 쓸어내리며 한을 달랜다

진사산업단지
희망을 줍는 기계 소리
천혜天惠의 해양조선소

오대양을 누비는 선박들
남쪽 나라 수평선에 새아침이 밝았다

아름다운 귀향
―삼천포 박재삼문학관

가난한 소년은
노산 풀밭에 앉아
돌팔매 던지면서 노을빛
갈매기들 잠들 때까지
바다 깊이 눈물의 보석을 심었어라

타향살이 몇몇 해 돌고 돌아
삼천포 그리운 고향 바다에
심어 둔 보석들
추억의 성소聖所 헤매이며
캐내었다

아름다운 눈물의 흑진주
별처럼 빛나는 보석들
온 누리에 뿌려 놓고
혼령은 노산공원 높은 집에
바다와 더불어 영원하리

영원한 귀향
―김재석 님 합천 고향에 돌아옴

가야산 아늑한 품에
산 곱고 물 맑은 합천 벌
풀피리 꺾어 불던 유년의 생가

유서 깊은 진주 유학길
한 계단 한 계단 밟아 올라
경상대 넓은 벌에 푸른 꿈 가꾸셨다

진주시청 사무관으로
덕망德望 높아 목민관의 표상이더니
수구초심首丘初心 고향에 돌아오셨습니다

청송青松 아호

20여 년 전
묵화실에 다니며
백설 같은 화선지에
난을 치고 있었다

세상의 낙원이 여기로다
신선 같은 날들이었다

묵화실
소천 선생님께서
병약한 못난 제자에게
세한삼우歲寒三友 깊은 뜻으로
청송이란 아호를 내게 내려주셨다

손을 잡고
삼색을 강조하시던 그 은혜
어찌 잊을 수 있사오리까
긴 세월 붓끝으로 걸어온 외길 인생
선생님의 화첩들 영원히 빛날 것입니다

선생님 붓을 놓지 마시고
천수를 누리시기 기원합니다

푸른 꿈
―도서관 기념 축시

연둣빛 고운 물결
초록이 꽃보다 아름다운 계절
희망찬 오월에

우리들의 보금자리
푸르지오 아파트
어린 열매들 무럭무럭 자라나고

꿈을 키워 나갈
새싹들 놀이터입니다

책은 마음의 양식이니
일용할 양식을 먹듯
부지런히 책을 읽어

먼 훗날 가정의 보배 되고
나라의 동량 되어
훌륭한 일꾼이 되소서

그리운 내 고향

봉화산 자락
치마폭마다
옹기종기 평화로운 마을
3개 마을은 전田가들 집성촌으로
가깝고 다정한 친지들만
오순도순 살던 곳

봄이면 봉화산에
진달래꽃 만발하고
꼬마들 간식거리 보물 캐듯
그 산속에 갖가지 간식들 캐어 먹고
아롱다롱 유년이
평화롭고 다정하던 그곳

초등학교 면소재지로
십 리 등하굣길
재미나는 추억도 가득하다

늦가을이면 학교서 돌아오는 길에

낮은 산에 올라 시사떡 파란 인절미
얻어먹었던 그때 그 인절미
긴 세월 흘러도 가슴에 피는 파란 인절미

동창회

소녀 때 앳된 모습
추억 속을 더듬으며

사십 년 긴 세월을
더듬고 풀어보면

그 동무들 틀림이 없어라
성숙해진 그대들

세월에 묻어 간
아롱지던 그 시절을

식탁 위에 펼쳐 보며
이야기꽃 피웠어라

긴 여정 짧은 만남
저문 날 황혼에 서서

그 곱던 얼굴들

주름 접으며
아쉽게 헤어진다

마산 대우백화점

백화점 가까이
살다 보니
눈이 피곤하고
눈이 식상하다

수많은 물건들
문화센터
주일마다 바뀌는
아름다운 전시들
어서 오라 손짓에
못 이겨 잦은걸음
견물생심이라
지갑이 자주 열리니
경제가 쪼그라든다

백화점 직원들은
이름표를 목에 걸고
온종일 서서 삶을 지탱한다

많은 사람 많은 물건들 속
물건 하나라도 더 팔기 위해
눈빛은 반짝반짝
지나가는 손님에게
정성을 쏟아붓는다

마산 어시장

사계절
시끌벅적 떠드는 소리
비린내 코끝을 휘젓고
눈빛은 샛별처럼 반짝인다

삶의 전쟁
야밤이 아니면
그칠 줄 모르고
자갈 쏟아지는 억센 소리꾼들

함지장수
꼬부랑 할머니도
살기 위한 몸부림
자갈 소리 요란한 마산 어시장

[서평]

'사부곡'에 이르는 서정의 긴 강
―전성경의 시세계

강희근 | 시인

1

 전성경 시인은 일상에서 오는 애환에 몰입해 있고 시세계 또한 그 애환을 고리로 펼쳐지는 사색과 우수의 깊이에 닿고 있다. 사색은 여성성을 드러내고 이따금씩 전통적인 지향에 이어져 있어 보인다.

　　청상으로 홀로되어
　　팔 남매
　　바위처럼 매달고
　　가시밭을 맨발로 걸어온 길
　　아흔다섯 살 한 많은 여정

관 속에 들어
살아서 못 누린 호사
리무진 승용차로 누리신다
　　　　　　―〈종갓집 어린 색시〉 부분

　따옴시는 '시백모님 영전에'라는 부제가 붙어 있는데 제목에서 '종갓집'이나 '시백모님'이 붙어 있다는 것은 전통 가계의 질서나 의식에 젖어 있음을 말해 준다고 볼 수 있다. 시에서 어린 색시가 열여섯 살에 혼인하여 종갓집으로 시집을 갔다는 것, 청상으로 홀로되어 8남매를 매달고 살았다는 것이 보이는데 이것들은 모두 전통적 조혼 풍습이나 일부종사한다는 전통 유가의 질서에 연결되어 있는 내용이다. 화자가 그런 입장에 놓여 있지는 않지만 그런 부분을 시적 대상으로 삼는다는 것은 시인이 그런 감정이나 정서에 내적 고리를 걸어 놓고 있다는 것에 다름 아니라 할 수 있다.

　　　　　　　　2
　전성경 시인의 시에서 종교의식은 분명해 보이지 않는다. 그러나 일상에 젖어 사는 일상인이라면 가장 오래전에 우리의 의식 속으로 헤집고 들

어와 우리의 삶 한쪽이 된 불가의식佛家意識에서
자유롭지는 않을 것이다.

>한순간
>찰나의 눈 맞춤도
>너와 나 인연이라 했는데
>
>봄밤
>허망한 꿈길인 듯
>나 그대 붙잡지 못했네
>
>그렇게
>허우적거리다가
>그대를 보내고 말았는데
>
>정녕
>그렇게 그대 보내고
>저승에서 윤회로 다시 만날까
>
>―〈윤회〉 전문

따옴시는 '윤회'라는 불가의 용어가 등장하고
있지만 본격적인 신앙의 차원에서 씌어진 것이

라 할 수 없다. "찰나의 눈 맞춤도/ 너와 나 인연이라 했는데"는 일상의 문맥으로 굳어져 있는, 불교와 관계없이 누구나 쓰고 있는 관행적 표현에 불과한 것이다. 그렇지만 화자는 "허망한 꿈길인 듯/ 나 그대 붙잡지 못했네"라 하여 인연의 통념에 해당하지 않는 것이라는 점에서 긴장을 주고 있다.

바라보는 중생들 가슴마다
애통한 마음
까만 숯덩이로 변했습니다

원효대사께서
지팡이 내리치시며 설법을 하시는데
나라에 더 큰 액운을
자비로운 부처님께서
다 끌어안고
화염에 다비 올리시니
눈 감은 중생들이
크나큰 원력
어이 짐작이나 하리요

―〈향일암 화재〉 부분

전 시인은 따옴시에서 화엄사 말사인 여수 향일암의 화재를 안타까워하고 있다. 이 시에서는 '원효대사', '설법', '자비', '부처님', '다비' 등 보다 불법의 문맥에 가까이 가 있는 용어들이 등장하는데 그만큼 본격 불가의 의식에 젖은 시임을 드러내 보인다 할 수 있다. 거기다 '중생'의 애통한 마음을 눈여겨보고 있다는 점에서 전 시인은 적어도 불가의 보살심 쪽에 서 있다고 할 수도 있을 것이다.

불가의 의식이 드러난다면 그것은 '인생'의 문제에 귀결되는 것이라 할 수 있다. 전 시인의 인생의 색깔은 무엇일까?

황혼에 서서
오솔길 뒤돌아본다
유년의 아롱다롱 웃음소리
복사꽃 아카시아 향기 속에
사랑 이야기 듬뿍 실어
꽃구름 타고
하늘도 날아 보았다

억새풀 흔드는
가을 들녘 은빛 물결에

바구니 가득 담은 실과처럼
아들도 있고 딸도 있어
한겨울 바람처럼
거칠게도 날아 보았다

후회와 노여움
가슴에 보듬고
부끄러운 세월
구름에 실어 보내고
때가 되면 고운 노을
서산으로 넘어가리다

—⟨오솔길⟩ 전문

 전 시인의 '오솔길'은 살아온 인생의 길로 표현되어 있다. 유년은 "복사꽃 아카시아 향기 속에/ 사랑 이야기 듬뿍 실어" 통과했고, 장년 이후는 "가을 들녘 은빛 물결에/ 바구니 가득 담은 실과처럼" 아들딸 잘 키워 냈다는 것이 화자의 인생이었다. 그러나 "후회와 노여움/ 가슴에 보듬고/ 부끄러운 세월/ 구름에 실어 보내"는 결산이 있다고 고백한다. 화자는 인생은 대체로 후회 없는 것으로 자체 평가를 하면서 그 속에서 일말의 후회와 부끄러움이 끼어 있었다는 점을 놓치지 않고 있다. 어쨌거나 화자는 "때가 되면 고운 노을/ 서산으로 넘어가리다"라는 결심을 하고 있다. 떳떳한 삶으로 의연히 마지막 길을 가겠다는 것 아닌가? 우리는 자칫 죽음 앞에서는 왜소해지거나 비굴해질 수도 있는데 전 시인의 종말은 그 자체가 하나의 과정으로 놓여 어쩌면 담대해질 수 있는 것 아닌지 모르겠다.

전 시인의 시에 〈인생〉이 있는데 조선 여인의 애환이 서려 있는 것을 볼 수 있다.

바느질
손때 묻은 반짇고리가
대물림인 것을 알았습니다

실과 바늘
일심동체로 살아온 지
어언 희년稀年이 되고 말았습니다

한 땀 한 땀
한 치의 오차 없는 마름질로
깨끼솔 곱솔로만 꿰매다 보면

어느새 나도

수의 한 벌 입고 가는
　　황혼의 나그네가 되고 말았습니다
　　　　　　　　　　　　　―〈인생〉 전문

　따옴시는 조선의 전통적인 여인의 바느질이 대물림이라는 점을 말하고 있다. "손때 묻은 반짇고리", "실과 바늘/ 일심동체", "오차 없는 마름질", "깨끼솔 곱솔"에 인생을 묻고 살았다는 것이고 그러는 사이 희년이 되었다는 것 아닌가. 희년에서 화자는 '수의 한 벌'을 생각하고 있다. 어찌 보면 무상한 것이기도 하지만 대체로 화자의 삶이 놓일 자리에 놓여 한결로 이어져 온 것으로 보면 삶은 제 길에 제 분복을 얻어 살았던 것으로 평가된다. 시에서 '바느질'은 꼭 일감으로서의 바느질이라기보다는 생활 구석구석을 아우르며 가는 제도나 풍습이나 가풍을 순종하며 순리대로 살았다는 뜻의 다른 말이라 할 수 있을 것이다. 그렇게 해석되는 근거는 다음과 같은 시 구절이 보이기 때문이다.

　　먼 길 뒤돌아본다
　　굽이굽이 곡절도 많았지만
　　뇌성 치는 큰 위기 없는

57년 부부 동거했던 나의 삶

   자식들 삼 남매
   그런 대로 살아 주니
   큰 걱정은 없고
   옹달샘 연금 생명줄 이어 주는 삶
                    ―〈나의 삶〉부분

 따옴시는 큰 위기 한번 없이 순탄한 부부생활로 인생을 꾸려 왔음을 고백하고 있다. "자식들 삼 남매/ 그런 대로 살아 주니"와 같이 부부간, 부모 자식간 평탄한 관계로 살았던 삶은 총체적으로 여한이 없는 것으로 읽힌다. "옹달샘 연금 생명줄"이 노후를 보장하고 있는데 그런 삶에서 볼 때 '바느질'이 실제 상황이 아니라 그것을 포함한 비유적인 표현이라는 쪽으로 짚인다. 조선 여인이라 말한 부분도 현실로 이어지는 조선이 아니다. 전통이 가져다주는 분복이나 정서에 가 닿는 여인이라는 뜻으로 쓴 말이다.
 전성경 시인은 그러는 가운데 소녀적 '소망'을 지니고 살았음을 볼 수 있다.

   철부지

나 어릴 적 소망은
마냥 꽃이 되고 싶었습니다

들판에
노루새끼 치달리는 그곳에
야생의 꽃이 되고 싶었습니다

어느새
성년이 되고부터는
밤하늘의 별이 되고 싶었습니다
　　　　　　　　　—〈소망〉 부분

 따옴시는 '소망' 사항의 표명인데 그 소망이 얼마나 이루어진 것일까? 시에서 그 소망은 표명 속에서 보람과 보람의 색깔을 포함하고 있다고 해석할 수 있다. 그러니까 전 시인은 살아온 오솔길에서 '꽃', '야생의 꽃', '밤하늘의 별'이 되었거나 지금 되고 있다고 볼 수 있다. 시인의 사유는 사유함 자체가 실현되는 속성임을 확인할 때 그러하다. 시는 형식과 내용이 일원적으로 실현되는 미학이다. 미학이 무엇인가. 필자로서는 미학은 모든 것의 통섭으로 읽는데, 통섭은 관념이든 실제든 그것의 자장은 모두를 하나로 묶는 것

임에랴.

3

 전성경 시인의 만년은 고독으로 가득 차 있는 것으로 읽힌다. 그 고독은 돌아간 남편과 관련된 것이다.

 고독이
 밀물처럼 밀려올 때
 깊은 밤 조용히 눈을 감는다

 한 줌 재로 변해
 하늘로 간
 그를 찾아 영혼은 떠난다

 두 날개
 별 속의 별을 찾아
 휘젓다 깨어 보니 육신만 젖어 있다
 　　　　　　　　　　―〈고독〉 전문

 따옴시는 한 줌 재로 변해 하늘로 간 '그'를 생각하는 화자의 심경이 드러나 있다. 말하자면 남편에 대한 상실감으로 우수와 고독에 젖어 있다는 이야기다. 만년은 인간에게 매우 복잡한 의미로 상실감이나 우수의 정서로 일관하는 예를 볼 수 있는데, 특히 배우자를 잃은 경우 그 심도가 깊을 것이다. 인생을 비교적 무리 없이 경영해 온 시인이 금실이 특별히 좋았던 과거를 떠올리는 때 그 상실감은 비교할 수 없으리만큼 깊으리라는 점, 이해 가능한 일이다. 때로는 그 고독은 '그리움'으로 환치된다.

> 깊은 밤 창문 열고
> 애틋한 그 이름
> 가슴으로 불러 보면
> 그리움은 어둠을 물리치고
> 고운 빛 기다림의 기쁨이 된다
>
> 저 바다 저 하늘
> 다 펼치고 펼쳐도
> 그리움 다 쏟을 수 없는 사연들
> 진주 이슬 머금고 그리움 창을 닦는다
> ―〈그리움·1〉전문

따옴시는 고독이 때로 그리움으로 환치되어 나타남을 보여준다. "애틋한 그 이름/ 가슴으로 불러 보면/ 그리움은 어둠을 물리치고" 나타난다는 것이다. 거기다 "고운 빛 기다림의 기쁨이 된다"라고 피력한다. '기다림의 기쁨'을 드러내는 그 이름은 누구인가? 말할 것 없이 돌아간 지아비 '부군'임에 분명하다. 이 시를 보면 화자는 살아 있던 남편과는 각별한 '가시버시'의 관계였을 것이다. 그렇지 않고서는 '기다림의 기쁨'이라는 말로 미화될 수 없을 것이기 때문이다.

  시인은 또 다른 〈그리움·2〉을 노래하고 있다.

> 그리움은
> 꽃비로 와서
> 대지의 꽃을 피웠어라
>
> 나 마냥
> 임의 꽃 찾아
> 허공을 맴도는
> 나비로 날아
>
> 한순간은
> 그대와 나의 동행은
> 억겁 인연 있었어라
>
>   —〈그리움·2〉부분

님과 나와의 동행은 억겁 인연이라 밝히고 있다. 사별하고서도 사랑은 인연으로 묶여 억겁을 가는 사이가 되고 있다. 따라서 시인의 사랑은 끈질기고도 항구한 성질을 띠고 있는 셈이다.

다음 시는 남편이 떠나고 홀로 남은 시인의 현실이 표현되고 있다.

남편 떠난
빈자리
넓은 사막 한복판에
목말라 헤매는 낙타 같은 나

벽에 걸린
세월 가는 달력에
25일 파란 동그라미
유족 연금이란 남편의 체온 같다

그 고마운
옹달샘
목을 적시며 희망의 빛에
가슴이 뭉클해 두 눈에 노을이 진다
— 〈고마운 옹달샘〉 전문

따옴시는 남편이 남겨 두고 간 연금이 고마운 생명의 옹달샘이라는 것이다. 현실은 넓은 사막 한복판 같지만 연금은 남편의 체온으로 오늘의 삶에 목을 적셔 주는 샘으로 작용하고 있다는 것 아닌가. 그것은 화자를 "가슴 뭉클"케 하고 "두 눈에 노을" 지듯 감사한 선물이 된다는 것이다. 비록 남편은 저승에 먼저 가 있지만 영혼으로는 자기에게 남아 있고 또한 연금이라는 현실적 장치를 통해 고마움의 존재로 살고 있다는 것이다. 그러니 남편은 꿈속에서도 무시로 살아날 수밖에 없는 것이다.

　　한여름 오후
　　원고를 쓰다 말고
　　잠시 침대 위에 낮잠을 청했다

　　무더운 날씨 탓에
　　설핏 잠이 들었다
　　낮잠 많이 자지 마라
　　남편의 목소리
　　　　　　　　　　ㅡ〈남편의 목소리〉 부분

시인인 화자는 원고를 쓰다 말고 잠이 들었다.

꿈에 나타난 남편은 "낮잠 많이 자지 마라"라고 일러 준다. 생시가 꿈이고 꿈이 생시다. 아마도 화자의 삶은 꿈이 저승이고 현실이 꿈으로 남편과 일심동체 유리해 살 수 없는 관계 속에 있다. 이는 일부종사라는 유가풍의 미망인이 아니면 체험에 들 수 없는 경지요, 세계라 할 수 있다. 그럼에도 끝 연에서 "천지간 빈자리 이슬 젖은 눈시울"에서 한 서린 삶의 편린을 보여주기도 한다.

    뇌성 번개 내리치고
    먹구름이 세상을 덮을 때
    남편은 하늘나라로 구름 타고 날아갔다

    큰 아쉬움 없는 삶
    훨훨 날아 천상에서 편안히 쉬세요
    못다 한 아쉬움 백지 위에 한을 풀고 있답니다
                             —〈사부곡〉 부분

  전 시인은 남편을 생각하며 시를 쓰고 있다는 이야기를 털어 놓고 있다. 그러니까 시인의 시는 소재나 주제가 변용되어 드러날 뿐 모두가 '사부곡思夫曲'에 다름 아니라는 것이다. 이 점은 오늘날처럼 약속과 신의가 풍전등화로 흔들리는 시

대에 시인이 켜고 있는 등불이라 설명될 수 있다 하겠다.

4

전성경 시인은 이번 시편들에서 살아온 삶의 오솔길을 보여준다. 그 오솔길에는 꽃이 되고 싶었던 소망이 있고 꿈으로 빛나는 이상에의 지향에 몰입하는 땀 같은 성실도 있었다. 그것은 전통 여인으로서의 심성이나 정서에 연결되면서 하나의 가족 내지 가정이라는 단위에서 볼 때 성공한 결과를 드러내 보인 것으로 읽는다. 그 세계는 일상의 애환이라는 고리를 걸고 때로는 불가적 비유로 표현되기도 하고 그리움이라는 아픔이나 서정의 여울을 포함하기도 했다. 전 시인의 만년은 고독하지만 그것은 절망이 아니라 사부곡에 이르는 긴 강의 체험일 수 있다. 강변은 아직 꽃이 피고 노을이 드리워지고 저녁엔 어김없이 달이 뜨고 별이 반짝인다. 이는 부군이 사는 저승과 시인이 사는 이승이 하나로 통하는 영적 교감과 같은 보다 큰 범위의 세계를 실현하고 있다는 뜻이다. 시는 그 가운데 놓이는 아름다운 가락지 같은 언어이다.

2013년 2월

구름 나그네

발행 l 2013년 3월 15일
지은이 l 전성경
펴낸이 l 김명덕
펴낸곳 l 한강출판사
홈페이지 l www.mhspace.co.kr
등록 l 1988년 1월 15일(제8-39호)
주소 l 서울시 종로구 인사동 131번지 파고다빌딩 408호
전화 735-4257, 734-4283   팩스 739-4285

값 9,000원

ISBN 978-89-5794-246-8 04810
ISBN 978-89-88440-00-1 (세트)

※저자와의 협약에 의해 인지는 생략합니다.
※잘못된 책은 바꾸어 드립니다.